LA CLEF

DU BLASON.

PARIS. IMPRIMERIE DE E. BRIÈRE ET C., RUE SAINTE ANNE 55.

LA CLEF DU BLASON.

OUVRAGE ÉLÉMENTAIRE

AVEC FIGURES,

d'APRÈS LA MÉTHODE DU PÈRE MÉNESTRIER

par D. Quesneville.

PARIS

DUMOULIN, LIBRAIRE-ÉDITEUR,

Quai des Augustins, 13.

1857.

LA CLEF DU BLASON.

Le BLASON est l'art d'expliquer, avec méthode, toutes sortes d'Armoiries ; on entend par Armoiries les signes ou marques d'honneur, composés de figures et de couleurs fixes et déterminées, qui servent à marquer la Noblesse et à distinguer les *familles* qui ont droit de les porter ; on les nomme Armoiries parce qu'ordinairement elles se portent sur les armes, sur les boucliers, sur la cotte d'armes, dans les bannières et pennons, et parce que c'est à la guerre et dans les tournois, qui sont des faits d'armes, qu'elles ont commencé.

Le mot BLASON signifie une chose proclamée à son de trompe, et vient de l'allemand *blazen*, qui veut dire sonner de la trompe. Aux tournois, ceux qui allaient y concourir portaient une trompe pour appeler les gardes du pas et leur présenter leurs Armoiries comme marque de leur noblesse.

Les Armoiries sont composées de toutes sortes de figures que l'on peut réduire sous quatre espèces : les figures de tous les corps que l'on nomme — *naturels*, et qui peuvent être sensibles à la vue, comme le Soleil, les Astres, les Pierres, les Éléments, les Plantes et les Animaux ; les figures — *artificielles*, qui sont les ouvrages des mains des hommes, comme les bâtiments, les ustensiles, les instruments de guerre, de chasse, de divers métiers ; les figures que l'on nomme — *héraldiques*, qui se font par des traits diversement tirés sur l'écu ou la cotte d'armes ; enfin les figures de caprice, comme sont certains monstres chimériques, des Hydres, des Harpies, des Centaures, des Diables, etc.; toutes ces figures ont leurs couleurs déterminées qu'il n'est pas permis de changer.

Il y a en Armoiries huit couleurs, savoir : le blanc, le jaune, le bleu, le vert, le rouge, le noir, la couleur de chair pour les parties du corps humain et la couleur naturelle des fleurs, fruits et animaux ; le nom général sous lequel elles sont toutes nommées est celui d'*émaux*, parce qu'on les émaillait sur les armes ; ainsi la plaque que portaient les hérauts d'armes et les poursuivants avec les armes du prince dont ils étaient les hérauts se nommait émail, et nous disons les émaux du BLASON ou des Armoiries.

Le blanc se nomme Argent, le jaune Or, le bleu Azur, le rouge Gueule, le vert Sinople, le noir Sable, les deux autres se disent de Carnation pour les parties du corps humain, et au naturel pour les Animaux, Plantes et Pierreries qui ont des couleurs qui leur sont propres.

Les couleurs Or et Argent passent pour métaux en Armoiries, et c'est une règle du BLASON de ne pas mettre métal sur métal, ni couleur sur couleur, parce que ce sont des habits que les Armoiries tirent leur origine à cause des cottes d'armes, et c'était l'usage de ces temps-là, pour les habits, de ne pas mettre or sur argent ni argent sur or, ni étoffe de couleur sur étoffe de couleur, mais de mettre l'or et l'argent sur les étoffes ou les étoffes sur l'or ou l'argent ; cette règle était générale, à la réserve des fourrures qui, n'étant pas moins précieuses que ces deux métaux, se mettaient indifféremment sur l'un et l'autre, quoique le plus souvent elles se pratiquaient avec les étoffes de couleurs au lieu de l'or et de l'argent, ces fourrures étaient l'hermine blanche et noire et les petits gris nommés *Vairs*, du nom d'un animal dit en latin *varus*; ces fourrures se nommaient pannes ou pennes, parce qu'elles étaient attachées aux étoffes des habits et cottes d'armes.

L'hermine est blanche à mouchetures noires, et le *Vair* est blanc et bleu comme la peau de cet animal, qui est blanche sous le ventre et sur le dos d'un gris tirant sur le bleu; les pannes peuvent être de toutes couleurs usitées en armoiries, mais alors il faut en blasonnant spécifier ces couleurs et dire : un tel porte de gueules, de sinoples, de sables, à mouchetures d'hermine, d'argent, d'or, ou à mouchetures de sable, d'azur, etc.

Toutes sortes de figures peuvent entrer en armoiries. Le soleil, par exemple, fait les armoiries d'un grand nombre de familles; la maison d'Aligre, dont il y a deux chanceliers, porte en chef trois soleils et pour devise : *Non uno gens splendida sole.*

La lune entre sous toutes les figures qu'elle a naturellement ; elle est pleine, en croissant, avec figure et sans figure, c'est-à-dire avec ces traits qui lui donnent une figure humaine, des yeux, un nez et une bouche, ou simplement en croissant sans ces traits : c'est ce qui se pratique aussi pour le soleil, qui se nomme ombre de soleil, quand il n'a pas les traits du visage humain.

Les constellations et les étoiles remplissent une infinité de Blasons, il y en a aussi plusieurs qui portent des comètes, qui sont des étoiles à queue; l'arc-en-ciel, la pluie et quelques autres météores y entrent aussi; de même les pierres, les rochers, les montagnes, les îles,

les pierres précieuses, les diamants, les rubis, les escarboucles, les herbes, les fleurs, les fruits, les arbrisseaux, les arbres et leurs branches, leurs troncs, pour lesquels le plus souvent on observe la couleur qui leur est propre; à l'égard des animaux, ils peuvent tous y entrer, ou leurs parties, têtes, pattes, demi-corps, ailes; leurs peaux même, ou dépouillés comme les vairs et hermines; le corps de l'homme peut y être admis de plusieurs manières différentes, nu, vêtu, et sous des figures particulières de sauvages, de dieux de la fable, de soldats, de moines, d'hommes, de femmes, d'enfants, de vieillards, car il y a des exemples de tous ces usages, de même que les parties séparées, comme la tête, les bras, les jambes, les cuisses, le cœur, les yeux, les os, la main, le pied; il n'est pas nécessaire de représenter tout cela de carnation, puisqu'il y a des lions, des aigles et d'autres animaux, d'hermine, de vair, échiquetés, losangés de diverses couleurs; cela vient de l'usage des cottes d'armes qui se portaient dans les armées et dans les tournois et qui se faisaient de diverses étoffes et de pièces rapportées selon les modes de ces temps-là ; on représente les devises et les symboles de ceux qui les portaient de cette sorte, ainsi il y a des croissants, des fleurs, des lions, et d'autres corps semblables d'hermine, de vair, losangés, burellés, échiquetés.

Il y a pour les corps artificiels trois ou quatre distinctions à faire, les offices et les dignités y ont introduit certaines figures, les couronnes, les sceptres, les diamants, et d'autres marques d'honneur semblables; les dignités ecclésiastiques, la tiare, les clefs, la croix, la crosse, la mitre, le pallium, la main qui bénit, les chandeliers, les livres, l'encensoir, et les offices d'échanson, de pannetier, de sénéchal, de maréchal, d'écuyer, de chambellan y ont fait prendre des coupes, des bouteilles, des bannières, des épées, des chevaux, des étriers, et la seconde et la plus générale est le report au nom des personnes, qui a fait les armoiries que l'on nomme parlantes.

La troisième, certains droits et certaines juridictions sur les passages des rivières, qui ont fait prendre des bacs, des vaisseaux, des avirons, des tours, des châteaux, des ponts.

Des droits de servitude qui ont fait prendre des charrues, des chariots, des jougs, des roues, des fers de moulin, des faux, des rateaux, des herses, des poêles, des chaudrons ; et la piété enfin y a fait recevoir des croix, des calices, des images de saints, des reliquaires, le nom de Jésus, le cordon de saint François, des chapelets, des églises. Ainsi que l'inclination à la chasse ou à la pêche ont fait prendre des instruments de l'une ou de l'autre, des corps, des épieux, des dards, des couples de chiens, des rets, des hameçons, des nasses, et l'inclination à la musique à fait prendre des flûtes, des hautbois, des luths, des violons, des sifflets.

On y voit aussi, à cause de fiefs et de la guerre, grand nombre de châteaux, de tours, des pans de mur, des pièces crénelées ou bretessées, des églises, des portes, et des lances, des piques, des épées, des chausses-trappes, des étriers, des fers de lance ou de pique, des roquets de lance, des trompettes, des tambours, des étendards, des tentes, des éperons, des molettes d'éperons, des écussons, des flèches, des masses-d'arme, des arcs ; les vêtements y ont aussi une bonne part, les bonnets, chapeaux, houssettes, souliers, bottes, bottines, gants, manteaux, chaperons, chemises, ceintures, boucles, rubans, dentelles, manches, manchons, fourrures, écharpes, colliers, bracelets et autres ornements.

Ce sont des anciens vêtements qu'on a tiré toutes les figures que nous nommons — *héraldiques*, le parti, le coupé, le tranché, le taillié, l'ecartelé, le fascé, le palé, le bandé, le burelé, le cotticé ; les points équipolez, les jumelles, les herses, les fasces, les bandes, les chefs, les chevrons, les sautoirs, les bordures, les gyrons, les piles, les quartiers, l'échiqueté, le fuselé, le lozangé et plusieurs autres figures semblables ; toutes ces figures se font par le moyen de quatre lignes : une tirée de haut en bas que l'on appelle ligne à plomb ou perpendiculaire, une autre tirée toute droite et couchée, nommée horizontale ; la troisième est une ligne traversant de droite à gauche que l'on nomme diagonale, et la quatrième est celle qui est tirée de gauche à droite obliquement ; ces deux lignes mises l'une sur l'autre font la croix de Saint-André. La ligne à plomb ou de haut en bas dans les armoiries fait le parti, l'addextré, le senestré, le pal, le pallé, le vergetté ; la ligne couchée ou horizontale fait le chef, le coupé, la fasce, la traugle, la champagne, le fascé, le burlé, les jumelles en fasce, le hersé en fasce ; celle diagonale de droite à gauche fait le tranché, la bande, le bandé, le cotticé, les jumelles en bande, le hersé en bande ; la ligne traversante de gauche à droite d'un angle d'en haut de l'écu à l'angle d'en bas opposé forme le taillé, la barre, le barré, le filet de bâtardise, le hersé en barre. Ces mêmes lignes, jointes ensemble et diversement combinées, font plusieurs autres Armoiries ; l'Écartelé se fait de la ligne à plomb et de celle couchée mises en croix, comme les deux qui forment la croix de Saint-André font l'Écartelé en sautoir ; or, ces quatre sortes de lignes diversement combinées et multipliées font les points équipollés, l'échiqueté, le lozangé, le fuselé, le fretté, le sautoir, etc.; le secret du BLASON ne consiste presque qu'à bien comprendre ces termes et savoir les expliquer.

Il y a avec cela six choses à apprendre touchant les Armoiries : la première est le *champ* ou le sol, la seconde les *figures* qui les composent et qui occupent ce champ entièrement ou en partie, la troisième la *position* de ces figures ou leur situation. La quatrième, la *disposition* de ces figures qui se répondent les unes aux autres, et qui sont ondées, cannelées, arrachées, coupées, liées, entrelacées, etc.

Ainsi, la *position* s'explique par rapport au champ, et la *disposition* par rapport aux figures. La cinquième, sont les *émaux* ou couleurs de ces figures. La sixième, les *ornements* qui accompagnent les Armoiries, et qui leur sont extérieurs; l'Écu français est un carré un peu plus long que large, qui en bas s'arrondit et se termine en pointe sur le milieu de sa base; anciennement, il était presque triangulaire, et un peu incliné ou penché sur le côté; les Italiens le portent souvent ovale ou approchant de l'ovale; les Espagnols l'arrondissent en bas ; les Allemands le font en cartouche, et les filles le figurent en losange; le carré en forme de bannière est propre aux Chevaliers.

Il y a quelques parties du corps humain qui ont des noms particuliers : le bras droit se nomme dextrochère ; le gauche senextrochère ; deux mains jointes, une foi ; la tête et la poitrine, buste ; un serpent se nomme bisse ou guivre, particulièrement quand il dévore un enfant; une tête de front se dit rencontre; le lion qui passe et qui montre les deux yeux, se nomme Léopard; un aigle sans bec et sans pieds aux ailes déployées, se nomme alerion; des petits oiseaux sans becs et sans pieds, les ailes serrées, se nomment merlette, et cannete, deux ailes étendues et jointes ensemble, se disent un vol, une seule, un demi-vol.

Une dent de sanglier se nomme défense; les barbeaux, poissons, se disent bars; la tête de sanglier, hure; une tête de cerf ou de bœuf décharné, se nomment massacre; une espèce de prunier sauvage se nomme créquier, on nomme tierce-feuilles les trèfles sans queue; quinte-feuilles les fleurs de pervenche de cinq feuilles percées au milieu; coquerelles, les fleurs qui sont comme des noisettes au fourreau, les fers de meule de moulin se nomment aniles; les grands anneaux à attacher les câbles se nomment vires, particulièrement quand ils sont deux ou trois l'un dans l'autre; les haches des tonneliers, doloires; les épées larges en coutelas courbées, badelaires; les bouts des fourreaux de ces épées, bouteroles; une bande de fer à tenir une porte sur les gonds, un bris-d'huis; les boucles des ceintures et baudriers, fermaux, les fasces danchées, des feuilles de scies; une pièce en carré long comme une brique, une billette.

Des pièces de monnaies d'or ou d'argent, bezants; des gâteaux ronds et plats comme les bezants, mais de couleur, tourteaux; une anse de chaudron, cornière; un linge autour des têtes des morts, tortil; une bannière d'église, gonfanon; les cordes d'une ancre, gumène, le bois traversier qui la tient, trabe; les pièces d'étoffes à deux, trois, quatre, cinq ou six pièces pendantes, lambels; les pièces découpées qui couvrent et accompagnent le casque, dans les armoiries, lambrequins; des chausses pour les jambes, oussettes; les cors de chasse, huchets; les carreaux comme ceux des vitres posées sur leurs pointes, lozanges; une figure ouverte à jour comme une maille de filet, macle; ouverte en rond, rustre; une figure semblable à une amande pelée, otele; une figure en Y, pairle; un chapelet, patenôtre; une roue sans jante, *rays*, et ray descarboucles quand elle a une pierrerie au milieu et quand ces bâtons sont fleurdelisés aux extrémités.

Un fer de lance morné, c'est-à-dire courbé en deux sur les côtés, *roc* ou roquet; la croix de Saint-André, sautoir, une dentelle ouvragée autour de certaine figure, trècheur; les coquilles de saint-Jacques dont on voit le dedans, vannets.

Toutes ces figures peuvent entrer en armoiries, et ont leurs couleurs déterminées, et tellement fixées, qu'il n'est pas permis de les changer.

Le Soleil figuré avec des yeux, une bouche et des rayons, se dit simplement *Soleil* sans d'autres attributs, parce que c'est sa figure naturelle en Armoirie. Quand il n'a pas ces traits, il se nomme *ombre* de soleil; quand il meut de l'angle de l'écu d'où il semble sortir, on le nomme *horizonté* à dextre ou à senestre, suivant sa disposition; *naissant* quand il meut du chef et qu'il ne paraît qu'à moitié, et *couchant* quand il meut de la pointe. La Lune peut être horizontée comme le soleil, elle est rare en Armoirie pleine, et entière, le croissant y est plus ordinaire; il peut être *montant*, *versé*, *tourné* et *contourné*; quand ses deux pointes aboutissent vers le chef ou le haut de l'écu, il est *montant*, ce qu'il n'est pas nécessaire d'exprimer, parce que c'est sa situation naturelle dans les Armoiries. Quand au contraire ses deux pointes regardent le bas ou la pointe de l'Écu, il est *versé ;* quand elles regardent le flanc dextre de l'Écu, il est *tourné*, et *contourné* quand elles regardent la gauche.

Deux croissants peuvent être *adossés*, *acculés*, *appointés*, *entrelacés*. Quand il y en a quatre appointés, les Espagnols les nomment *Lunels*. Les Étoiles sont *rayonnantes*, *comètées* de cinq, de six, de huit et seize *Raies ;* elles se disent rayonnantes quand entre leurs grandes pointes il y a des filets de rayons ; comètés, quand elles ont une queue, ce sont leurs pointes qui se nomment *raies ;* en France, elles en ont ordinairement cinq, et il n'est pas nécessaire d'en exprimer le nombre. Les autres pays en donnent ordinairement six, particulièrement en Italie. Quand elles en ont huit ou seize, il faut en exprimer le nombre. Quand les étoiles ne paraissent qu'à demi, et sortent de quelque autre figure, elles se disent *éclipsées*. Il y a encore des rayons de lumière sortant des angles de l'écu qui se disent simplement *raies*, dont il faut exprimer la disposition, en disant mouvant de l'angle dextre, de l'angle de senestre, du chef ou de la pointe. Il y a aussi des croix qui sont cantonnées de semblables *raies*.

Le feu peut être *flambant*, *étincelant*, *ardent*, *fumant*, etc., ce qui se dit plutôt des sujets auxquels il est attaché, que du feu même; ainsi, il y a des pots ou pieux *flambants*, des charbons *étincelants*, des fournaises *ardentes*, des flambeaux, des vases *fumants*. Il y a des rivières sur lesquelles on voit de petits traits pour en marquer les flots, alors on les dit *flottées*, comme on dit la mer *agitée*, quand on y remarque des ondes élevées, et *calme* quand on n'en remarque pas.

Les fontaines sont *jaillissantes* ou *coulantes* par tant de jets ou de canaux dont on doit exprimer le nombre.

Il y a des nuages, des vents, des foudres dont on connaît les figures, de la manière dont les peintres les représentent. Il faut seulement observer que les foudres se peignent quelquefois *ailés*, *liez*, *élancés*, *étincelants*, *tortillés*, etc.

Un bout de terrain figuré sous les arbres, les tours, les maisons, se nomme tertre, et qu'à l'égard des montagnes, il en faut exprimer les *coupeaux*, trois, cinq, sept, etc. Les plantes qui naissent sur la terre ont un grand nombre d'attributs. Les arbres sont *fleuris*, *fruités*, *coupés*, *arrachés*, *écotés*, *couchés*, leurs branches peuvent être *passées* et *repassées en sautoir*. Le chêne *fruité* se nomme *englanté*. Les autres plantes sont *tigées*, *feuillées*, *fleuries*, etc. Les roses sont *boutonnées*, ce sont les grains d'or ou d'autres couleurs qu'elles ont au milieu; le rosier est aussi dit *boutonné* quand les roses y sont en boutons, les roses de cinq feuilles, percées à jour, se nomment en Armoirie, *quinte feuilles*, *angemmes* ou *achesmes*, celles qui n'en ont que quatre, et les trefles qui n'ont point de queue, *tierce feuilles*. Les Lys sont en *boutons* ou *épanouis* quand les feuilles de la fleur sont ouvertes; on les nomme aussi ordinairement *Lys de jardin*, pour les distinguer des fleurs de lys. Les *Girasols* et les *ancholies* sont *penchés*. Les fleurs du *Solanum*, semblables à des noisettes en fourreau, se nomment *Coquerelles*.

Les figures chimériques ou monstrueuses et les figures héraldiques, comme les centaures, les sirènes, les griffons, les harpies, les hydres, les aigles à deux têtes, les lions à face humaine, les Pégases aux chevaux ailés, des cerfs ailés, les phénix, les pélicans qui s'ouvrent le sein, et les salamandres sur le feu; des anges, des têtes de chérubins, des diables, des vents représentés par des têtes bouffies et qui soufflent.

Il y a six figures héraldiques que l'on nomme : *les partitions*, *les répartitions*, *les pièces honorables*, *les rabattements*, *les réductions*, *les séances* ou *séantes partitions*.

Le partage de l'écu en deux par un trait ou par une ligne à plomb, qui fait que le champ est de deux émaux différents, se nomme *partition*, la ligne à plomb fait le *parti*, la ligne horizontale ou couchée fait le *coupé*, la ligne inclinée de droite à gauche fait le *tranché*, la ligne de gauche à droite le *taillé*, voilà les quatre partitions simples dont il se fait des répartitions que l'on nomme hachures en gravure (Voir la Planche 1).

L'écartelé se fait de deux lignes croisées de la ligne à plomb et de la ligne couchée, qui partagent l'écu en quatre dont il était écartelé; les tierces sont aussi des répartitions.

Les mêmes pièces répétées comme sont les fasces, les pals, les bandes, les burelles, les cottices, les jumelles, les tierces, les chevrons, etc., sont rabattus, les pièces diminuées de la moitié ou d'un tiers de leur largeur, le pal rétréci se nomme *vergette*, la bande rétrécie se nomme *cottice* ou *bâton*, la fasce rétrécie, *fasce*, *devise* et *trangle*, le chevron rétréci, *étaie*.

Les figures héraldiques qui remplissent tout l'écu à distances égales, comme sont le fascé, le pallé, le bandé, l'écartelé, le fuselé, le losangé, le fretté, l'échiqueté, les points équipollés, le vairé, l'émanché, etc. Les positions sont *fixes*, *pleines*, de *rapport* et *arbitraires*.

Celles qui ont une place arrêtée et déterminée dans l'écu et qui n'en changent point, comme le *chef* qui occupe toujours le tiers le plus haut de l'écu d'un flanc à l'autre. La *fasce* qui occupe le tiers du milieu. Le *pal* qui occupe le tiers du milieu en hauteur. La *bande* qui occupe le tiers en travers de droite à gauche. La *barre* le tiers de gauche à droite, en travers. La *croix*, dont les quatre branches aboutissent aux quatre milieux de l'écu, dont elle laisse quatre carrés vides. Le *sautoir*, au contraire, s'étend aux quatre angles et laisse quatre angles vides à ses côtés, au-dessus et au-dessous. La *bordure* qui borde toujours tout l'écu d'un demi-tiers tout au tour. L'*orle* qui, sans toucher les bords de l'écu, tourne tout autour en demi-tiers, dans le même sens que la bande. Le *canton*, qui est un carré qui occupe l'un des quatre quartiers de l'écu. Le *chevron*, dont la pointe aboutit sur le milieu de l'écu, un peu plus haut vers le chef, et dont les deux jambes s'ouvrent en compas et s'étendent aux angles de la pointe.

A l'égard des figures que nous nommons héraldiques, qui étant la plupart les mêmes entre elles, n'ont divers noms qu'à cause de leurs diverses positions, comme le Chef, le Pal, la Fasce, la Bande et la Barre, qui sont toutes des figures longues de la largeur du tiers de l'écu, et qui ne diffèrent que par leur situation.

Il y a d'autres figures qui ont des situations propres et naturelles, que l'on n'exprime point en blasonnant, comme les Tours sont droites, les Arbres, les Piques, les Chandeliers, les Clés, les Bourdons, les Marteaux, les Billettes, les Fusées, les Losanges, les Écussons, les Ancres, les figures humaines, les Croissants, auxquels il faut ajouter les Lions qui sont rampants en armoiries et les Léopards passant.

Il y a encore le nombre des pièces à observer, parce ce que ce nombre contribue beaucoup aux situations qu'on leur donne, car deux figures se placent l'une sur l'autre. Trois se mettent naturellement deux et une ou en chef ou en fasce, ou en bande, ou en pairle, ou en pal; quatre se mettent deux à deux ou cantonnées. Cinq en croix, en sautoir, ou deux deux et une. Six se mettent trois, deux, une ou en orle; il y en a quelques autres, comme les points équipollés, les pièces qui chargent, le chef, la fasce, la bande, les croix, les sautoirs, les bordures, les fusées et les losanges accollés, les pendants des lambels, les pointes ou raies des étoiles qui en ont cinq, six, sept, huit, jusqu'à seize, les créneaux des Tours. On compte aussi les fasces, les bandes, les pals, etc. Les *Jumelles* sont de deux en deux et les *Tierces* de trois en trois.

A. Est le centre de l'écu,
D. Le canton, dextre de l'écu,
B. La pointe du chef,
E. Le canton senestre du chef,
F. Le flanc dextre,
G. Le flanc senestre,
C. La pointe de l'écu,
H. Le canton dextre de la pointe,
I. Le canton senestre de la pointe

Quand il n'y a qu'une figure, elle occupe ordinairement le milieu de l'écu, comme A. Quand elle est ainsi placée, on ne parle point de sa situation en blasonnant, parce que c'est sa position naturelle.

Celles qui remplissent tout l'écu, par pièces égales, ou, comme l'on dit, tant plein que vide, non pas qu'il y ait rien de vide, mais parce que ces pièces sont de différents émaux à égales largeurs ou distances, le fascé, le pallé, le bandé, le barré, le burelé, le cottié, le fuselé, le chevronné, l'échiqueté, le lozangé, le fretté, le parti chevronné, le vairé, l'écartelé, les points équipollez, le gironné, l'émanché, le semé, les hermines.

Les positions arbitraires sont celles des figures à qui l'on change leur situation propre et naturelle pour leur en donner une autre, telle que l'on veut; car elles peuvent être droites, couchées, tournées hautes, basses, versées, contournées sans rien faire contre les règles du BLASON. Les positions de rapport sont celles dont les figures sont placées à la manière du chef, de la fasce, de la bande, de la barre, du chevron, du pairle, du sautoir, de la croix, de l'orle aux cantons en pointes, aux flancs, aux côtés comme sont trois coquilles rangées en chef, une épée posée en barre, trois étoiles rangées en fasce ou en pal, deux lances passées en sautoir, un croissant en chef, et une étoile en pointe, un pal accosté de six roses, une bande de six billettes; on les appelle de rapport parce qu'elles ont rapport aux positions fixes du chef de la bande du pal et aux flancs de l'écu à la pointe aux cantons, etc.

Toute figure mise au point où est la lettre D, est dite être au canton dextre du chef; celle qui est en E, au canton senestre du chef; celle qui sera au point B se dit simplement en chef; celle qui est en F, au flanc dextre de l'écu; celle qui est en G au flanc senestre; celle qui est en C en pointe; celle qui est en H au canton dextre de la pointe, et celle qui est en I, au canton senestre de la pointe.

Trois figures disposées D, B, E sont dites rangées en chef. Si elles sont comme F, A, G, elles sont dites rangées en fasce, comme H, C, I, elles sont rangées en pointe.

Si elles sont comme B, A, C, elles sont dites rangées en pal; comme D, A, I, rangées en bande, comme E, A, H; rangées en barre, comme D, F. H, en pal au flanc dextre, comme E, G, I; en pal au flanc senestre.

Si elles sont comme D, E, C, elles seraient dites mal ordonnées.

Quatre figures mises comme D, E, H, I se disent *deux deux*. On dit : il porte quatre étoiles, quatre besants, quatre croissants, deux deux; s'il y en a cinq disposées comme B, A, C, F, G, on les dit en *croix*, comme D, A, I, E, H ; en *sautoir*, comme D, E, A, C, en *pairle;* quand il y en a six, sept, huit ou neuf, comme D, B, E, G, I, C, H, F, elles sont dites mises en *orle*. Quand il y a au point A une petite figure au milieu de plusieurs autres différentes, cette petite figure est dite en *abîme*.

Celles qui sont mutuelles entre deux, ou plusieurs figures, s'appellent position réciproque comme sont deux clefs *adossées* qui se tournent le dos ; deux lions *affrontés*, deux *contre-passants*, deux *contre-rampants*, l'écartelé, l'équipollé, le componé, l'échiqueté, le vairé, le bandé, le pallé, contrepallé, etc., dont les émaux sont alternés réciproquement.

Il y a encore celle que l'on appelle de l'*un* à l'*autre* : et celle que l'on dit de l'*un* en l'*autre*; de l'un à l'autre, c'est quand le champ est coupé, ou tranché, ou écartelé de deux émaux différents, et qu'il y a une figure qui pose sur les deux émaux, et qui est aussi réciproquement des deux mêmes émaux, mais en opposition, le métal sur la couleur et la couleur sur le métal. Alors on dirait: un tel porte parti d'or et de gueules à un chevron de l'un à l'autre, c'est-à-dire de gueules sur or et d'or sur le gueule. De l'un en l'autre c'est quand il y a plusieurs figures sur un champ parti ou tranché, ou coupé, on dit: un tel porte d'argent, coupé d'azur à six fleurs de lys de l'un en l'autre, c'est-à-dire trois d'azur sur l'argent et trois d'argent sur l'azur.

Les positions sont l'un des principaux mystères de l'art du BLASON, puisqu'il en a de tant d'espèces qu'il faut nécessairement spécifier. Par exemple: la *fasce*, dont la position naturelle est d'occuper horizontalement le milieu de l'écu, et de remplir le tiers de sa largeur, peut être haussée ou baissée, lorsqu'elle est plus haute ou plus basse que ce milieu. Le chevron peut être abaissé, versé, couché, contourné, et deux chevrons entrelacés, adossés, ou appointés. La fasce, le pal, le chevron, la bande, la barre, le sautoir, peuvent *brocher* sur d'autres pièces ou figures, Les chefs de patronage, de chevalerie, abaissent nécessairement les chefs des armoiries où l'on ajoute ces chefs de patronage; ainsi quand un cardinal, qui a un chef dans ses armoiries, met en chef au-dessus les armoiries du Pape dont il est créature, et quand un Commandeur de Malte, qui a un chef en ses armoiries, met au-dessus un chef de son Ordre, ces chefs sont pour lors dits abaissés sous celui des armes du Pape ou des armes de la Religion. La disposition et le sens dans lequel est mise une figure qui a diverses faces, selon lesquelles elle peut-être différemment placée: il y a un très-grand nombre de ces figures. Une tête peut être mise de front et en profil, de même un casque, une clef à cause de son anneau, de son paneton, et de son dos, peut avoir diverses dispositions, une flèche et une pique, à cause de leurs pointes et de leurs fers. Une tour peut être ronde, carrée, couverte, crénelée, chastelée, ouverte, fermée, flanquée.

Il y en a encore d'autres, comme le soleil, naissant, couchant, horizontal; les figures humaines, nues, vêtues; des arcs, cordes, tendus, couchés; c'est ce qui fait les attribets du BLASON à qui on a donné le nom de *termes;* plusieurs lances ou plusieurs épées peuvent être fretées ou entrelacées les unes dans les autres; trois anneaux peuvent aussi être entrelacés, de même des croissants; des clefs peuvent être adossées ou affrontées, trois flèches ou trois dards peuvent être empoignés, etc.; il faut toujours spécifier le nombre de pièces, à moins que tout l'écu n'en soit rempli à égales distances et tant plein que vide.

Dans les positions pleines, il y a certaines choses à observer, par exemple: quoique l'échiqueté remplisse tout l'écu, il faut en compter les *tires* ou les rangs d'échiquier en fasce, et dire, échiqueté de six, sept ou huit tires. Le fascé est de quatre ou de six, car quand les fasces passent ce nombre, elles changent de nom et deviennent *burelés;* ainsi il faut dire *burelé* de huit ou de dix pièces, de même pour le gironné, qui est de six pièces, il faut quand les girons passent ce nombre dire gironné de huit, de douze et de seize pièces; on doit aussi spécifier les traits ou tires du Vairé, l'équipollé est toujours de neuf pièces carrées et l'on dit cinq points d'or équipollés, à quatre d'azur, les figures rondes sont peu sujettes à ces variations comme les besans et les tourteaux, les roues, les annelets, etc.; mais il y en a d'autres qui peuvent avoir une autre position que leur position ; ainsi les billettes, qui sont ordinairement droites, peuvent être couchées ou mises dans le sens de la bande, de même les fusées, les lozanges, les macles et les rustres, qui sont en BLASON ordinairement sur leurs pointes.

On est pas obligé à spécifier le nombre des pièces, quand tout l'écu en est tellement rempli qu'il y a des moitiés ou des bouts des figures qui se perdent dans les extrémités de l'écu, car alors on le dit semé d'hermines, de fleurs de lys, d'aigrettes, de roses, de billettes, d'étoiles ; mais quand ces figures paraissent tout entières, en quelque nombre qu'elles soient, il faut spécifier ce nombre.

Les figures héraldiques peuvent recevoir encore un plus grand nombre de variations ; les unes communes à la plupart des figures, les autres plus particulières a quelques-unes ; elles peuvent être ondées, vivrées, chargées, sommées, alézées, crénelées, bretessées, échiquetées, lozangées, engrellées, endentées, émanchées, parties, retraites, maçonnées, bastillées. Ainsi il y a des chefs chargés, bastillés, échiquetés, lozangés, endentés; des fasces bretessées, crénelées, bastillées, vivrées, ondées, retraitées; de même des chevrons, des sautoirs, des pals, des croix.

La croix ordinaire se nomme croix pleine ; elle est dite *engrelée*, quand elle a une espèce de dentelle sur tous les bords; elle est dite *pattée*, quand ses quatre extrémités s'élargissent ; elle est dite *alézée*, coupée ou rétrécie, quand de nul de ses bouts elle ne touche aux bords de l'écu; *vidée*, c'est-à-dire percée à jour; *clechée*, c'est-à-dire qu'elle a ses quatre extrémités comme les anciens anneaux des clefs ; *pommetée*, c'est-à-dire qu'à chaque angle des anneaux il y a une pomme ; ainsi on blasonne ces armoiries, d'or à la Croix vidée, clechée et pommetée de gueules. La Croix accompagnée de quatre oiseaux de proie d'argent becqués, membrés et grilletés d'or ; on dit becqué pour le bec, membré pour les jambes, grilleté pour les sonnettes, *gringolée*, c'est-à-dire que ses extrémités se terminent en huit têtes de serpents, que le vulgaire nomme *gargouilles* et par corruption *gringoles* ; anchrée et chargée d'une étoile en cœur, c'est-à-dire au milieu ou au centre de la Croix ; il s'en peut faire de cordes et de cables; ces croix se disent càblées, une croix de quatre queues abouttées, une croix recroisettée, une croix fleurdelisée, pomettée, anchrée de vairs, cramponnée, bretessée ou recroisettée à double, recercelée, enhendée, alezée, pattée et écartelée, échiquetée, fourchettée, trefllée, frettée, lozangée, en fer de moulin ; la Croix sur un mont avec la couronne d'épine et les clous se nomme Croix du Calvaire.

Les Lions armés, lampassés, couronnés, vilenés, ovirés, mornés, rampants, passants, posés, léopardés, accroupis, adossés, acculés, contre-rampants, contournés ; les vaches, moutons ou béliers accornés, clarinés, accollés, passants, paissants, etc. ; les taureaux furieux ; les cerfs élancés, chevillés, couchés, sommés de tant de cors ; les chiens courants, rampants, assis ; les chevaux gais, houssés, bardés, effarés ; les buffles bouclés ; les ours et chameaux emmuselés ; les serpents ailés, tortillés, pliés en rond ; les coqs crêtés, barbés, becqués ; les aigles becqués, membrés, armés, diadèmés, esployés, à deux têtes, démembrés ; les dauphins sont barbés.

lorrés, peautrés, pâmés; les colombes et autres oiseaux volants essorés, perchés; les oiseaux de leurre chaperonnés, perchés, grilletées, empiétants; le phénix sur son immortalité, la grue avec sa vigilance, le pélican avec sa piété.

Les coquilles sont oreillées; les cloches bataillées; les fers à cheval cloués; les dards et flèches armés, fustés, empennés, encochés; les badelaires anchés, rivés, cloués, liés; les cors, trompes, huchets, liés, enguichés, virolés.

Les vaisseaux flottants, équippés; les ancres ont leurs stangues, leurs trabes et leurs gumènes; les casques sont torrés, de front ou de profil; les tours sont maçonnées, crénelées, dongeonnées, ajourées, coulissées, ouvertes, couvertes, girouettées, buttées, pignonnées; les maisons sont essorées, ouvertes; les haches, marteaux, emmanchés, emboutés; les luths, violons, cordés; les épées, hautes, croisées, pommettées; les couronnes et annelets, enfilés, enlassés; les voiles de vaisseaux, en poupe; les gonfanons, frangés; les têtes de morts, tortillées; les têtes de femmes, coiffées, couronnées, chevelées; les mains, appaumées; les chefs, cousus; les armoiries, depuisnées, brisées; celles des aînés, pleines; les armoiries des femmes, parties ou accollées à celles de leurs maris, les écus penchés, accollés, liez, arrondis, couronnés, timbrés.

DICTIONNAIRE ALPHABÉTIQUE DES TERMES DU BLASON.

A

Abaissé se dit des pièces qui sont au-dessous de leurs situations ordinaires, comme le chef qui occupe ordinairement le tiers de l'écu le plus haut, peut être abaissé sous un autre chef de Concession, de Patronage, de Religion, etc. La fasce peut aussi être abaissée quand on la place plus bas que le tiers du milieu de l'écu, qu'elle occupe ordinairement. Le chevron de même, le vol et les ailes des oiseaux peuvent être abaissés, quand au lieu d'être élevés vers le chef de l'écu, ils descendent vers la pointe.

Abbouté se dit de quatre hermines dont les bouts répondent et se joignent en croix.

Accolé se prend en BLASON en quatre sens différents. 1. Pour deux choses attenantes et jointes ensemble; ainsi, les écus de France et de Navarre sont accolés sous une même couronne pour les Amoiries de nos rois; les femmes accolent leurs écus à ceux de leurs maris; les fusées, les losanges et les macles sont accolés quand ils se touchent de leurs flancs ou de leurs pointes, sans remplir tout l'écu. 2. *Accolé* se dit des chiens, des vaches et autres animaux qui ont des colliers ou des couronnes passés dans le col comme les cygnes, les aigles, etc. 3. Des choses qui sont entortillées à d'autres, comme une vigne à l'échalas, un serpent à une colonne ou à un arbre. 4. On se sert de ce terme pour les clefs, bâtons, masses, épées, bannières, et autres choses semblables qu'on passe en sautoir derrière l'écu.

Accompagné se dit de quelques pièces honorables, quand elles en ont d'autres en séantes partitions; ainsi, la croix se dit, accompagnée de quatre étoiles, de quatre coquilles, de seize alerions, de vingt billettes, et quand ces choses sont également disposées dans les quatre cantons qu'elle laisse vides dans l'écu ; le chevron peut être accompagné de trois croissants, deux en chef et un en pointe, de trois roses, de trois besants. La fasce peut être accompagnée de deux losanges, deux maletes, deux croisettes. L'une en chef, l'autre en pointe, ou de quatre tourteaux, quatre aiglettes. Le pairle peut être accompagné de trois pièces semblables, une en chef, deux aux flancs; le sautoir de quatre, une en chef, une en pointe, deux aux flancs. On dit de même des pièces mises dans le sens de celle-là, comme deux clefs en sautoir, trois poissons mis en pairle.

Accorné se dit de tous les animaux qui ont cornes, quand elles sont d'autres couleurs que l'animal.

Accosté se dit de toutes les pièces de longueurs mises en pal ou en bande, quand elles en ont d'autres à leur côté ; ainsi le pal peut être accosté de deux, de quatre ou de six annelets, trois d'un côté et trois de l'autre, de même un arbre, une lance, une pique, une épée. On dit de même de la bande, quand les pièces qui sont à ses côtés suivent le même sens qu'elle, ainsi on la dira accostée de deux, de quatre et de six billettes, quand elles seront couchées dans le même sens, trois d'un côté, et trois d'un autre, suivant l'étendue de la bande. Quand elles sont droites, elles sont dites ac–

compagnées de deux, de quatre ou de six fleurs de lys dont il faut énoncer la situation, particulièrement quand il y en a six, parce qu'elles peuvent être mises en orle. Quand ce sont des pièces rondes comme tourteaux, besans, roses, annelets, on peut se servir indifféremment du terme *accosté* ou *accompagné*.

Accroupi se dit du Lion quand il est assis comme celui de Venise. On dit de même de tous les animaux sauvages, qui sont en cette posture, et des lièvres, lapins et conils, qui sont ramassés, ce qui est leur posture ordinaire quand ils ne courent pas.

Acculé se dit d'un cheval cabré quand il est sur le cul en arrière, et de deux canons opposés sur leurs affûts, comme les deux que le grand-Maître de l'Artillerie met en bas de ses armoiries pour marque de sa dignité.

Addextré se dit des pièces qui en ont quelque autre à leur droite, comme un pal qui n'aurait qu'un lion sur le flanc droit, serait dit addextré de ce lion.

Adossé se dit de deux animaux qui sont rampants, le dos tourné comme deux lions, deux clefs aussi dites adossées quand leurs pannetons sont tournés en dehors, l'une d'un côté, l'autre de l'autre, de même deux faux, et généralement tout ce qui est de longueur, et qui a deux faces différentes, comme les haches, les douloires, les marteaux.

Affronté est le contraire d'adossé, et se dit de deux choses qui sont opposées de front comme deux lions ou deux autres animaux.

Aiguisé se dit de toutes les pièces dont les extrémités peuvent être aiguës, comme le pal, la fasce, la croix, le sautoir.

Ajouré se prend pour une ouverture du chef, de

quelque forme qu'elle soit, ronde, carrée, en croissant, pourvu qu'elle touche le bout de l'écu; il se dit encore des jours d'une tour, et d'une maison, quand ils sont d'autre couleur.

Aislé se dit de toutes les pièces qui ont des ailes contre nature, comme un cerf ailé, un lion ailé, et des animaux volatils dont les ailes sont d'autre couleur que le corps.

Alézé se dit des pièces honorables retraites de toutes leurs extrémités, comme un chef, une fasce et une bande qui ne touchent pas les deux bords ou les deux flancs de l'Ecu, de même la croix et le sautoir, qui ne touchent pas les bords de leurs quatre extrémités.

Allumé se dit des yeux des animaux quand ils sont d'autre couleur et d'un bûcher ardent. On dit de même d'un flambeau dont la flamme est d'autre couleur.

Anché se dit seulement d'un cimeterre recourbé.

Anglé se dit de la croix et du sautoir, quand il y a des figures longues à pointes, qui sont mouvantes de ces angles. La croix de Malte des chevaliers français est anglée de quatre fleurs de lys.

Animé se dit de la tête d'un cheval et de ses yeux, quand ils paraissent avoir action.

Antiqué se dit des couronnes à pointes, des rayons, des coiffures anciennes, grecques ou romaines, parce que ces choses sont antiques et ne sont pas de l'usage moderne; ainsi, on dit des bustes de rois couronnés à l'antique, des têtes et bustes de femmes coiffées à l'antique. On peut dire de même des vêtements, des bâtiments et des niches gothiques, qui font les armoiries de certaines villes.

Appaumé se dit de la main ouverte, dont on voit le dedans, qui est la paume.

Appointé se dit de deux choses qui se touchent par les pointes, comme deux chevrons peuvent être appointés, trois épées, mises en pairles, peuvent être appointées en cœur, trois flèches de même.

Ardent se dit d'un charbon allumé.

Armé se dit des ongles des lions, des griffons des aigles et des flèches dont les pointes sont d'autres couleurs que le fût ; il se dit aussi d'un soldat et d'un cavalier.

Arraché se dit des arbres et autres plantes qui ont des racines qui paraissent, et des têtes et membres d'animaux qui ne sont pas coupés nets et qui ont divers lambeaux et filaments encore sanglants, qui paraissent des pièces arrachées avec force.

Arrêté se dit d'un animal qui est sur ses quatre pieds, sans que l'un avance devant l'autre, qui est la posture des animaux que l'on appelle passants.

Arrondi se dit de certaines choses qui, étant rondes naturellement ou par artifice, ont certains traits en armoirie, qui servent à faire paraître cet arrondissement, comme les boules pour les distinguer des tourteaux et des besants, et les troncs d'arbre.

Assis se dit de tous les animaux domestiques qui sont sur leur cul, comme les chiens, chats, écureuils, etc.

B

Baillonné se dit des animaux qui ont un bâton entre les dents, comme les lions, les ours, les chiens et les cochons.

Bandé se dit de tout l'écu couvert de bandes ou de pièces bandées, comme le chef, la fasce, le pal, et même quelques animaux.

Barbé se dit des coqs, et des dauphins quand leur barbe est d'un autre émail.

Bardé se dit d'un cheval paré.

Barré se dit, dans le même sens que bandé, de l'écu et des pièces couvertes de barres qui vont diagonalement de gauche à droite.

Bastillé, se dit des pièces qui ont des créneaux renversés qui regardent la pointe de l'écu.

Bataillé se dit d'une cloche qui a le batail d'autre émail qu'elle n'est.

Becqué se dit des oiseaux dont le bec est d'autre émail.

Besanté se dit d'une pièce chargée de besants, comme une bordure besantée de huit pièces.

Bigarré, se dit du papillon et de tout ce qui a diverses couleurs.

Billeté se dit du champ semé de billettes.

Bissé est un serpent.

Bordé se dit des croix, des bandes, des gonfanons, et de toutes choses qui ont des bords de différents émaux.

Bouclé se dit du collier d'un lévrier et d'un autre chien qui a des boucles.

Bourdonné se dit d'une croix dont les branches sont tournées et arrondies en bourdons de pèlerins.

Boutonné se dit du milieu des roses et des autres fleurs, quand il est d'autre couleur, il se dit aussi d'un rosier qui a des boutons et des fleurs de lys épanouies, lorsqu'il en sort des boutons.

Bretessé, se dit des pièces crénelées haut et bas, en alternative.

Brisé, se dit des armoiries des puînés et cadets d'une famille où il y a quelques changements par addition, diminution ou altération de quelques pièces pour distinction des branches ; il se dit encore des chevrons dont la pointe est déjointe.

Brochant se dit des pièces qui passent sur d'autres, comme une fasce ou un chevron qui broche sur un lion.

Burelé se dit de l'écu rempli de longues listes de flancs à flancs jusqu'au nombre de dix, douze ou plus, à nombre égal, et de deux émaux différents.

Cablé se dit d'une croix faite de cordes ou de cables tortillés.

Cabré se dit d'un cheval acculé.

Canelé se dit de l'engrelure dont les pointes sont en dedans et les dos en dehors, comme les canelures des colonnes en architecture.

Cantonné se dit de la croix et des sautoirs accompagnés dans les cantons de l'écu et de quelques autres figures.

Carnation se dit de toutes les parties du corps humain, particulièrement du visage, des mains et des pieds, quant ils sont représentés au naturel.

Cintré se dit du globe ou monde impérial entouré d'un cercle et d'un demi-cercle en forme de cintre.

Cerclé se dit d'un tonneau.

Chappé se dit de l'écu qui s'ouvre en chappe ou en pavillon, depuis le milieu du chef jusqu'au milieu des flancs.

Chapperonné se dit des éperviers.

Chargé se dit de toutes sortes de pièces sur lesquelles il y en a d'autres, ainsi le chef, la fasce, le pal, la bande, les chevrons, les croix, les lions, etc., peuvent être chargés de coquilles, de croissants, de roses.

Chatelé se dit d'une bordure et d'un lambel chargé de huit ou neuf châteaux.

Chaussé est l'opposé de chappé.

Chevelé se dit d'une tête dont les cheveux sont d'autre émail que la tête.

Chevillé se dit des ramures d'une corne de cerf, et l'on dit chevillé de tant de cors.

Chevronné se dit d'un pal et autres pièces chargées de chevrons, ou de tout l'écu, quand il en est rempli.

Clariné se dit d'un animal qui a des sonnettes, comme les vaches, les moutons, les chameaux.

Cloché se dit des arrondissements de la croix de Tolose, dont les quatre extrémités sont faites comme les anneaux des clefs.

Cloué se dit d'un collier de chien et des fers à cheval, lorsque les clous paraissent d'autre émail.

Colleté se dit des animaux qui ont collier.

Componé se dit des bordures, peaux, bandes, fasces et croix ou sautoirs qui sont composés de pièces carrées d'émaux alternés, comme une tire d'échiquier.

Contourné se dit des animaux, ou des têtes des animaux, tournés vers la gauche de l'écu.

Contrebandé, *contrebarré*, *contrebretessé*, *contre-cartelé*, *contrefascé*. *contrefleuré*, *contrepallé*, *con-*

trepotencé, contrevairé sont des pièces dont les bandes, barres, bretesses, écartelures, fasces, fleurons, peaux, potence, et vairs sont apposés.

Contrepassant se dit des animaux dont l'un passe d'un côté, l'autre d'un autre.

Cordé se dit des luths, harpes, violons et autres instruments semblables, et des arcs à tirer quand leurs cordes sont de différent émail.

Coticé se dit du champ de l'écu rempli de dix bandes de couleurs alternées.

Couché se dit du cerf, lion, chien et autres animaux.

Coulissé se dit d'un château et d'une tour qui ont la herse ou la coulisse à la porte.

Coupé se dit de l'écu partagé, par le milieu horizontalement, en deux parties égales, et des membres des animaux qui sont coupés nets, comme la tête, les cuisses, etc.

Couplé se dit des chiens de chasse liés ensemble, courant, et de tout animal qui court.

Courbé est la situation des dauphins et des bars, qui ne s'exprime pas, leur étant naturelle et propre en armoirie; il se dit des fasces un peu voûtées en arc.

Couronné se dit des lions, du casque et des autres choses qui ont une couronne.

Cousu se dit du chef quand il est de métal sur métal ou de couleur sur couleur.

Couvert se dit d'une tour qui a un comble.

Cramponné, des croix et autres pièces qui ont à leurs extrémités une demi-potence.

Crenelé se dit des tours, châteaux, bandes, fasces et autres pièces à créneaux.

Crété se dit des coqs à cause de leur crête.

Croisé se dit du globe impérial et des bannières qui ont des croix.

Danché se dit du chef de la face, de la bande et du parti coupé, tranché, taillé et écartelé quand ils se terminent en pointes aiguës comme des dents.

Découpé se dit des lambrequins qui sont découpés en feuilles d'acanthe et du papilloné.

De l'un en l'autre se dit du parti, du coupé, du tranché, de l'écartelé, du fascé du palé, de la bande, etc., quand ils sont chargés de plusieurs pièces, qui sont sur l'une de ces parties, de l'émail de l'autre, réciproquement et alternativement ; alors l'écu est tranché d'argent et d'azur à trois tourteaux d'azur sur l'argent et trois besants d'argent sur azur.

De l'un à l'autre se dit des pièces étendues qui passent sur les deux pièces de la partition ou sur toutes les fasces, bandes, peaux, en alternant les émaux de ces partitions.

Démembré se dit de l'aigle, du lion et de tout autre animal dont les membres sont séparés.

Denté se dit des dents des animaux.

Dentelé se dit de la croix, de la bande et autres pièces à petites dents.

Deux-un se dit de la disposition ordinaire de trois pièces en armoiries dont deux sont vers le chef et une vers la pointe, comme les trois fleurs de lys de France.

Diadèmé se dit de l'aigle qui a un petit cercle rond sur la tête.

Diapré se dit des fasces, peaux et autres pièces bigarrées de diverses couleurs.

Diffamé se dit du lion qui n'a point de queue.

Divisé se dit de la fasce, de la bande qui n'ont que la moitié de leur largeur, on dit fasce ou bande en devise.

Donjonné se dit des tours et des châteaux qui ont des tourelles.

Dragonné se dit du lion qui se termine en queue de dragon.

Écartelé se dit de l'écu divisé en quatre parties égales en bannières ou en sautoir.

Échiqueté se dit de l'écu et des pièces principales, et même de quelques animaux comme l'aigle et les lions quand ils sont composés de pièces carrées, alternées comme celles des échiquiers; pour l'écu, il faut pour le moins qu'il y ait vingt carreaux pour être dit échiqueté, autrement, on le dit équipolé, quand il n'en a que quinze, on dit quinze points d'échiquier. Les autres pièces doivent pour le moins être échiquetées de deux tirets, autrement elles sont dites componées.

Écoté se dit des troncs et branches de bois dont les menues branches ont été coupées.

Effaré se dit d'un cheval levé sur ses pieds.

Élancé se dit d'un cerf courant.

Émanché se dit des partitions de l'écu où les pièces s'enclavent l'une dans l'autre en forme de longs triangles pyramidaux.

Embouté se dit des marteaux dont les bouts sont garnis d'émail différent.

Embrassé se dit d'un écu parti ou coupé, ou tranché d'une seule emmanchure qui s'étend d'un flanc à l'autre.

Emmanché se dit des haches, marteaux, faux et autres choses qui ont manche.

Emmuselé se dit des ours, chameaux, mulets et autres animaux auxquels on lie le museau pour les empêcher de mordre ou de manger.

Empenné se dit d'un dard, trait ou javelot qui a ses ailerons ou pennes.

Empiétant se dit de l'oiseau de proie quand il est sur sa proie qu'il tient avec ses serres.

Empoigné se dit des flèches, javelots et autres choses semblables, de figure longue, quand elles sont au nombre de trois au plus, l'une en pal, les autres en sautoir, assemblées et croisées au milieu de l'écu.

Enchaussé est le contraire de chapé, et une figure rare.

Encoché se dit du trait qui est sur un arc, soit que l'arc soit bandé ou non.

Enclavé se dit d'un écu parti dont l'une des partitions entre dans l'autre par une longue liste.

Enclos se dit du lion d'Ecosse qui est enclos dans un trécheur.

Endèmé se dit d'une fasce, pal, bande et autres pièces de triangle, alternés de divers émaux.

Enfilé se dit des couronnes, annelets et autres choses rondes ou ouvertes, passées dans des bandes, peaux, fasces, lances ou autres pareilles choses.

Englanté se dit du chêne chargé de glands.

Engoulé, des bandes, croix, sautoir et toutes autres pièces dont les extrémités entrent dans les gueules de lions, léopards, dragons.

Engrelé se dit des bordures, croix, bandes, sautoirs qui sont à petites dents fort menues, dont des côtés s'arrondissent un peu.

Enguiché se dit des cors, huchets et trompes dont l'embouchure est de différent émail.

Enlevé se dit de certaines pièces qui paraissent enlevées.

Ensanglanté se dit du pélican et autres animaux sanglants.

Enté se dit des partitions et des fasces, bandes, peaux, qui entrent les uns dans les autres, à ondes, rondement.

Entravaillé se dit des oiseaux qui, ayant le vol déployé, ont un bâton ou quelque autre chose passé entre les ailes et les pieds.

Entrelacé se dit de trois croissants, de trois anneaux et autres choses semblables passés les uns dans les autres.

Entretenu se dit des clefs et autres choses qui se tiennent liées ensemble par leurs anneaux.

Equipé se dit d'un vaisseau qui a ses voiles, cordages et autres choses.

Equipolé se dit de neuf carrés dont cinq sont d'un émail, et quatre d'un autre, alternativement.

Ebranché se dit d'un arbre dont les branches ont été coupées.

Ecaillé se dit des poissons.

Eclaté se dit des lances rompues et chevrons.

Eclopé se dit d'une partition, dont une pièce parait comme rompue.

Ecorché se dit des loups de gueules ou couleur rouge.

Epanouie se dit des fleurs de lys dont il sort des boutons entre les fleurons, et dont le fleuron d'en haut est comme ouvert.

Eployé se dit des oiseaux dont les ailes sont étendues.

Essorant se dit des oiseaux qui n'ouvrent l'aile qu'à demi pour prendre le vent et qui regardent le soleil.

Essoré se dit des toits des maisons, de divers émaux.

Etincelant se dit des charbons dont sortent des étincelles, et *étincelé* d'un écu semé d'étincelles.

Evíré se dit du lion qui n'a pas la marque du sexe.

Failli se dit des chevrons rompus en leurs montants.

Fascé se dit de l'écu couvert de fasces et de pièces divisées par longues listes.

Faux se dit des croisettes qui ont couleur sur couleur ou métal sur métal.

Fiché se dit des croisettes qui ont des pieds aiguisés.

Fier se dit du lion hérissé.

Fierté se dit d'une baleine dont on voit les dents.

Figuré se dit du soleil, sur lequel on exprime l'image du visage humain, de même des tourteaux, besants et autres choses sur lesquelles la même figure paraît comme si c'était un miroir.

Flambant se dit des pals, ondés et aiguisés en forme de flamme.

Flanqué se dit des pals, arbres et autres figures, qui en ont d'autres à leur côté.

Fleuré se dit des bandes, bordures, orles, trécheur, et autres pièces dont les bords sont en façon de fleurs ou de trèfles

Fleuri se dit des rosiers et autres plantes chargées de fleurs.

Florancé se dit de la croix dont les extrémités se terminent en fleurs de lys.

Flottant se dit des vaisseaux et des poissons sur les eaux.

Forcené se dit d'un cheval effaré.

Frangé se dit des gonfanons qui ont des franges dont il faut spécifier l'émail.

Fretté se dit de l'écu et des pièces principales couvertes de bâtons croisés en sautoirs, qui laissent des espaces vides et égaux en forme de losanges.

Fruité se dit d'un arbre chargé de fruits.

Feuillé se dit d'une plante qui a ses feuilles.

Furieux se dit du taureau élevé sur ses pieds.

Fuselé se dit d'une pièce chargée de fusées.

Futé se dit d'un arbre dont le tronc est de différentes couleurs, et d'une lance ou pique dont le bois est d'un autre émail que le fer.

Gai se dit d'un cheval nu, sans harnais.

Garni se dit d'une épée dont la garde ou la poignée est d'autre émail.

Gironné se dit de l'écu divisé en huit ou dix parties triangulaires dont les pointes s'unissent au centre de l'écu.

Gorgé se dit de la gorge et du col du paon, cygne et autres semblables oiseaux, quand ils sont d'autre émail.

Grilleté se dit des oiseaux de proie qui ont des sonnettes aux pieds.

Gringolé se dit des croix, sautoirs, fers de moulin et autres choses pareilles qui se terminent en tête de serpent.

Guivré est le même que *Vivré*.

Habillé est un terme entendu de tout le monde.

Haussé se dit du chevron et de la fasce, quand ils sont plus hauts que leur situation ordinaire.

Haut se dit de l'épée droite.

Hérissonné se dit d'un chat ramassé et accoupi.

Hersé se dit d'une porte qui a sa coulisse abattue.

Houssé se dit d'un cheval qui a sa housse.

I

Issant se dit des lions, aigles et autres animaux dont il ne paraît que la tête, avec bien peu du corps.

J

Jumellé se dit d'un sautoir et d'un chevron de deux jumelles.

L

Lampassé se dit de la langue des lions et autres animaux.

Langué se dit de celle des aigles.

Léopardé se dit du lion passant.

Levé se dit de l'ours en pied.

Lié se dit des choses attachées, comme clefs, huchets.

Lionné se dit des léopards rempants.

Lorré se dit des nageoires des poissons.

Losangé se dit de l'écu et figure couverte de losanges.

L'un sur l'autre se dit des animaux et autres choses dont l'une est posée et étendue au-dessus d'une autre.

M

Mal-ordonné se dit de trois pièces mises en armoirie, une en chef, deux autres parallèles en pointe.

Mal-taillé se dit d'une manche d'habit bizarre ; il n'y en a des exemples qu'en Angleterre.

Mantelé se dit du lion et autres animaux qui ont un mantelet, et de l'écu ouvert en chape.

Marché est un vieux terme des anciens manuscrits pour la corne du pied des vaches.

Mariné se dit des lions et autres animaux qui ont une queue de poisson, comme les sirènes.

Masqué se dit d'un lion qui a un masque.

Maçonné se dit des traits, des tours, pans de mur, châteaux et autres bâtiments.

Membré se dit des cuisses, des jambes des aigles et autres oiseaux.

Miraillé se dit des ailes des papillons.

Monstrueux se dit des animaux qui ont face humaine.

Montant se dit des écrevisses, croissants, épis et autres choses dressées vers le chef de l'écu.

Morné se dit du lion ou autres animaux sans dents, bec, langue, griffes et queue.

Moucheté se dit du milieu du papillonné, quand il est plein de mouchetures, et des hermines.

Mouvant se dit des pieux attenant au chef, aux angles, aux flancs ou à la pointe de l'écu, dont ils semblent sortir.

Miparti se dit de l'écu qui étant coupé et parti seulement en une de ses parties.

N

Naissant se dit des animaux qui ne montrent que la tête, sortant de l'extrémité du chef ou du dessus de la fasce ou du second du coupé.

Naturel se dit des animaux, fleurs et fruits, représentés comme ils sont naturellement.

Nébulé se dit des pièces faites en forme de nuées.

Nervé se dit de la fougère et autres feuilles dont les nerfs et les fibres paraissent d'un autre émail.

Noué se dit de la queue du lion quand elle a des nœuds en forme de houpe.

Noueux se dit d'un écot ou bàton à nœuds.

Nourri se dit du pied des plantes qui ne montrent point de racines et des fleurs de lys, dont la pointe d'en bas ne paraît pas.

Ombré se dit des figures qui sont ombrées ou tracées de noir pour les mieux distinguer.

Ondé se dit des fasces, peaux, chevrons et autres pièces un peu tortillées à onde.

Onglé se dit des ongles des animaux.

Oreillé des dauphins et des coquilles.

Ouvert, des portes, des châteaux, tours, etc.

P

Paillé est le même que *diapré*.

Paissant se dit des vaches et brebis qui ont la tête baissée pour paître.

Palissé se dit des pièces à peau ou fasces aiguisées enclavées les unes dans les autres.

Pallé se dit de l'écu et des figures chargées de peaux.

Papillonné se dit d'un ouvrage à écaille.

Parti se dit de l'écu et des animaux et autres pièces, divisées de haut en bas en deux parties égales, et du chef des aigles à deux têtes.

Pamé, du dauphin sans langue, la hure ouverte.

Passant, des animaux qui semblent marcher.

Passé en sautoir, des choses qui sont mises en forme de croix de Saint-André.

Patté, des croix dont les extrémités s'élargissent en forme de patte étendue.

Peautré, de la queue des poissons.

Pendants, de deux, trois, quatre, cinq pièces pendantes des lambeaux.

Percé, des pièces ouvertes à jour.

Perché, des oiseaux sur la perche et sur des branches.

Peri en bandes, en barre, en croix, en sautoir, de ce qui est mis dans le sens de ces pièces.

Pignonné, de ce qui s'élève en forme d'escalier de part et d'autre pyramidalement.

Plié, des oiseaux qui n'étendent pas les ailes, particulièrement des aigles, que l'on dit alors au vol plié.

Plumeté est le même que le moucheté du papillonné.

Pommetté se dit des croix et raies tournées en plusieurs boules ou pommes.

Posé se dit du lion arrêté sur ses quatre pieds.

Potencé se dit des pièces terminées en *T*.

R

Racourci est le même qu'*alezé*.

Ramé est le même que chevillé pour les cornes des cerfs, daims etc.,

Rampant se dit du lion droit.

Rangé, de plusieurs choses mises sur une même ligne en chef, en fasce ou en bande.

Ravissant, d'un loup portant sa proie.

Rayonnant, du soleil et des étoiles.

Recercelé, de la croix ancrée, tournée en cerceaux, et de la queue des cochons et levriers.

Recoupé, des écus mi-coupés et recoupés un peu plus bas.

Recroisetté, des croix dont les branches font d'autres croix.

Rempli, des écussons vides et remplis d'autres émaux.

Resarcelé, des croix qui ont une autre conduite en filet d'autre émail.

Retrait des bandes, peaux et fasce, qui de l'un de leurs côtés seulement ne touchent pas les bords de l'écu.

Rompu, des chevrons dont la pointe d'en haut est coupée.

Rouant, du paon qui étend sa queue.

Saillant, d'une chèvre et mouton ou bélier en pied.

Sanglé, du cheval, pourceau, et sanglier qui ont par le milieu du corps une espèce de ceinture d'autre émail.

Sellé, du cheval.

Semé, des pièces dont l'écu est chargé tant plein que vide, et dont quelques parties sortent de toutes les extrémités de l'écu.

Senestré, d'une pièce qui en a une autre à sa gauche.

Sommé, d'une pièce qui en a une autre au-dessus d'elle.

Soutenu, au contraire, de celle qui en a une autre au-dessous.

Sur le tout se dit d'un écusson qui est sur le milieu d'une écartelure et des pièces qui brochent sur les autres.

Sur le tout du tout se dit de l'écusson qui est sur le milieu de l'écartelure d'un écusson qui est déjà sur le tout.

Surmonté est le même que *Sommé*.

Taillé se dit de l'écu divisé diagonalement de gauche à droite en deux parties égales.

Terrassé se dit de la pointe de l'écu faite en forme de champ plein d'herbes.

Tiercé se dit de l'écu divisé en trois parties, en long, en large, diagonalement ou en mantel.

Tigé se dit des palmes et fleurs.

Timbré se dit de l'écu couvert de casque ou timbre.

Tortillant se dit de la guivre ou serpent.

Tourné du croissant et autres pièces tournées.

Tracé est le même qu'*Ombré*.

Tranché se dit de l'écu divisé diagonalement en deux parties égales de droite à gauche.

Treillissé est le *Fretté* plus serré.

Trois deux un se dit de six pièces disposées, trois en chef sur une ligne, deux au milieu et une en pointe de l'écu.

V

Vairé se dit de l'écu et des pièces chargées de vairs.

Vergetté de l'écu rempli de peaux depuis dix ou au-delà.

Versé se dit des glands, pommes de pins, croissants.

Vêtu se dit des espaces que laisse une grande lozange qui touche les quatre flancs de l'écu.

Vidé se dit des croix et autres pièces ouvertes au travers desquelles on voit le champ ou sol de l'écu.

Vilené se dit du lion dont on voit le sexe.

Virolé se dit des boucles, mornes, anneaux, des cors, huchets, trompes.

Vivré des fasces, bandes, peaux.

Nº 1.—Pour parvenir à la connaissance parfaite du blason, il faut s'accoutumer à connaître les familles par leurs armoiries et les armoiries par les familles, savoir rendre compte des écartelures et divers quartiers que comprennent les armoiries, par alliance, par substitution, par prétention ou par concession, des principales maisons de l'Europe.

Les quatre traits peuvent servir à décrire les figures les plus irrégulières ; il faut pour cela bien comprendre la manière dont ils sont tirés, par demi-lignes tirées et retirées en divers sens ; ce sont ces demi-lignes qui forment la plupart des autres figures ; on appelle demi-lignes celles qui ne vont pas d'un bord de l'écu à l'autre ; passées par le milieu, ces dernières lignes font en divers sens les émanches, l'émanché, les pointes, les girons, les entures, les vivres, le palissé, les pièces retraites ou alésées, pal alésez, bandes, retraites, les chevrons, etc.

Il faut observer deux choses : la première, de quelle sorte de lignes sont composées ces figures extraordinaires, si c'est de lignes perpendiculaires, horizontales ou diagonales, et de quels sens ces lignes sont tirées ; secondement, si ces figures ont des noms particuliers dans le blason ; si elles ont des noms particuliers, il faut retenir ces noms en blasonnant, comme :

enté, chappé, émanché, freté, lozangé, échiqueté, tiercé en bande, fascé.

Si elles n'ont point de noms particuliers, il faut considérer les figures dont elles approchent davantage, comme les croix, les lozanges, les frets, les girons, les entures, les quartiers, les piles, les pairles, les chevrons, et s'ajuster à ces noms en expliquant les différences de plis, de retour, de cannelure, d'entrelas, etc.

Exemples de la pratique de blasonner par l'ordre des traits et des lignes (Planche 2).

N° 1.—Mi-coupé, mi-partie vers la pointe et recoupé d'argent et de gueule.

N° 2 —Mi-coupé en pointe, mi-partie et recoupé vers le chef d'argent et de sable.

N° 3.—Mi-coupé en chef failli, en taillant et recoupé vers la pointe de gueule et d'argent.

N° 4.—Partie d'argent et d'or enté en pointe d'azur.

N° 5.—Tiercé en pairle d'argent de sable et de gueule.

N° 6.—Mi-tranché au-dessous du chef, mi-taillé en remontant vers le chef et retaillé au flanc de l'écu d'or et de gueule.

N° 7.—Ecartelé en équerre de gueule et d'argent.

N° 8.—De gueule à un coude en triangle d'or mouvant de l'angle senestre de l'écu, en traverse et recoupant en burèles remplies de sable.

N° 9.—De gueule vêtu d'argent à une grande lozange de gueule aboutissant aux quatre flancs de l'écu.

N° 10.—Coupé d'argent et d'azur, vêtu de l'un à

l'autre, ou coupé d'argent et d'azur, à une grande lozange de l'un à l'autre aboutissant aux quatre flancs de l'écu.

N° 11.—De sable à une fasce d'argent jointe au milieu de l'écu, une moitié haussée vers le chef, l'autre abaissée vers la pointe et accolée par le bout.

N° 12.—D'argent à la fasce, canton à dextre de gueule.

N° 13.—D'argent à deux fasces de gueule, la plus haute à dextre, fasce canton.

N° 14.—D'azur au giron d'or mouvant du canton destre de la pointe, en forme de croissant versé vers senestre d'or.

N° 15.—Tranché canelé d'or et d'azur.

N° 16.—Taillé canelé d'or et d'azur.

N° 17.—D'argent embrassé de gueule de senestre à dextre.

N° 18.—De gueule à une pointe d'argent mouvant de deux coupeaux ronds.

N° 19.—Taillé pignonné d'argent et de gueule de trois pièces.

N° 20.—Tranché d'argent et de gueule fiché sur l'argent.

Il n'est pas moins nécessaire d'observer la disposition des figures que leur position et leur situation.

Planche 1ère

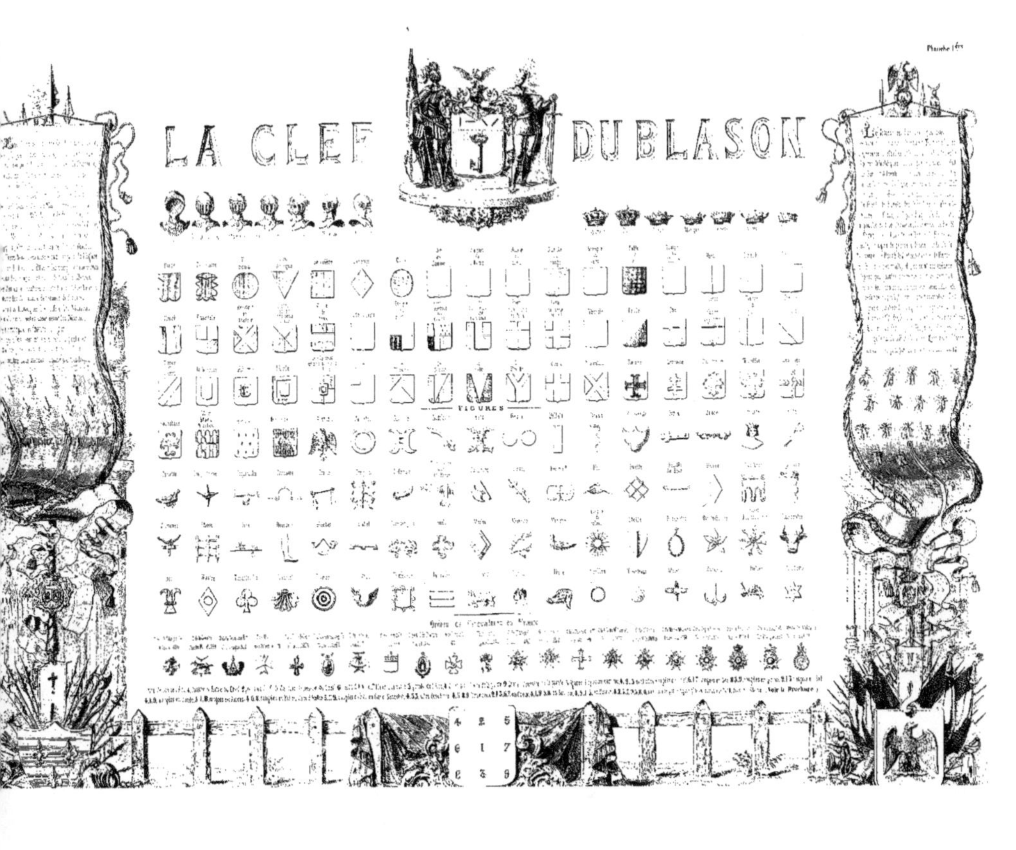

Planche 2ème

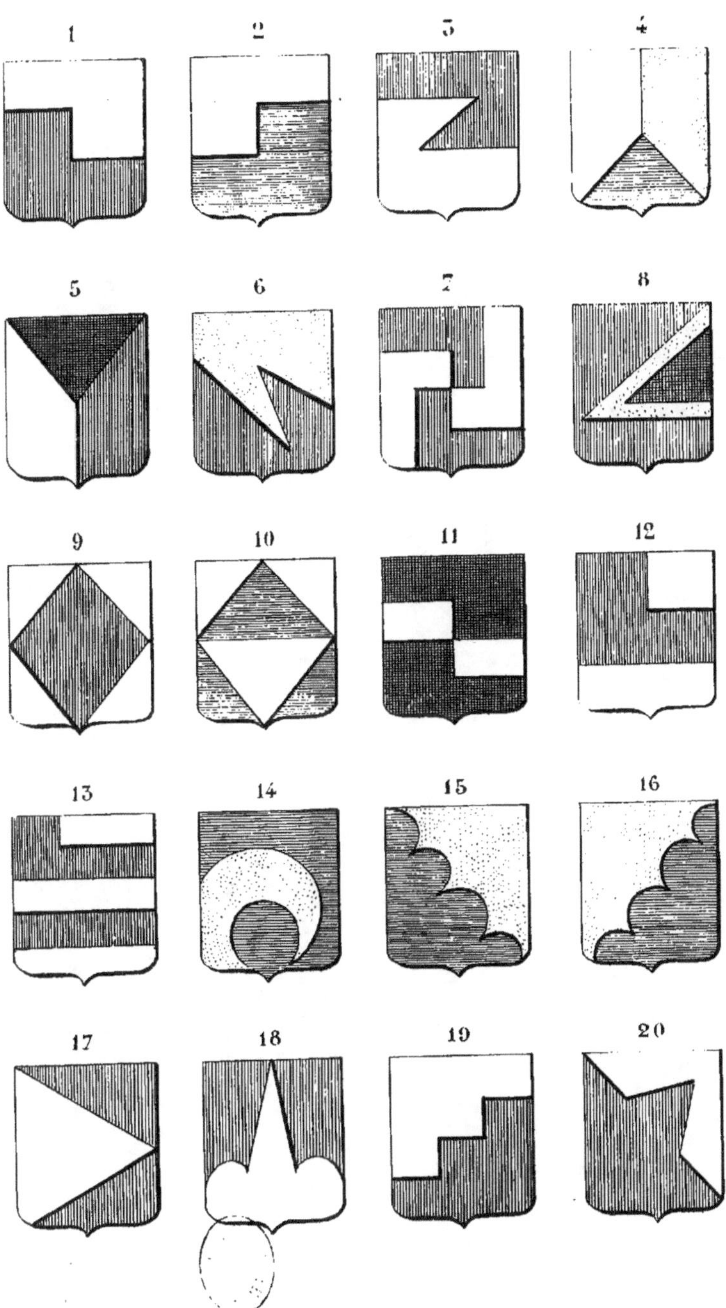

Planche 3.

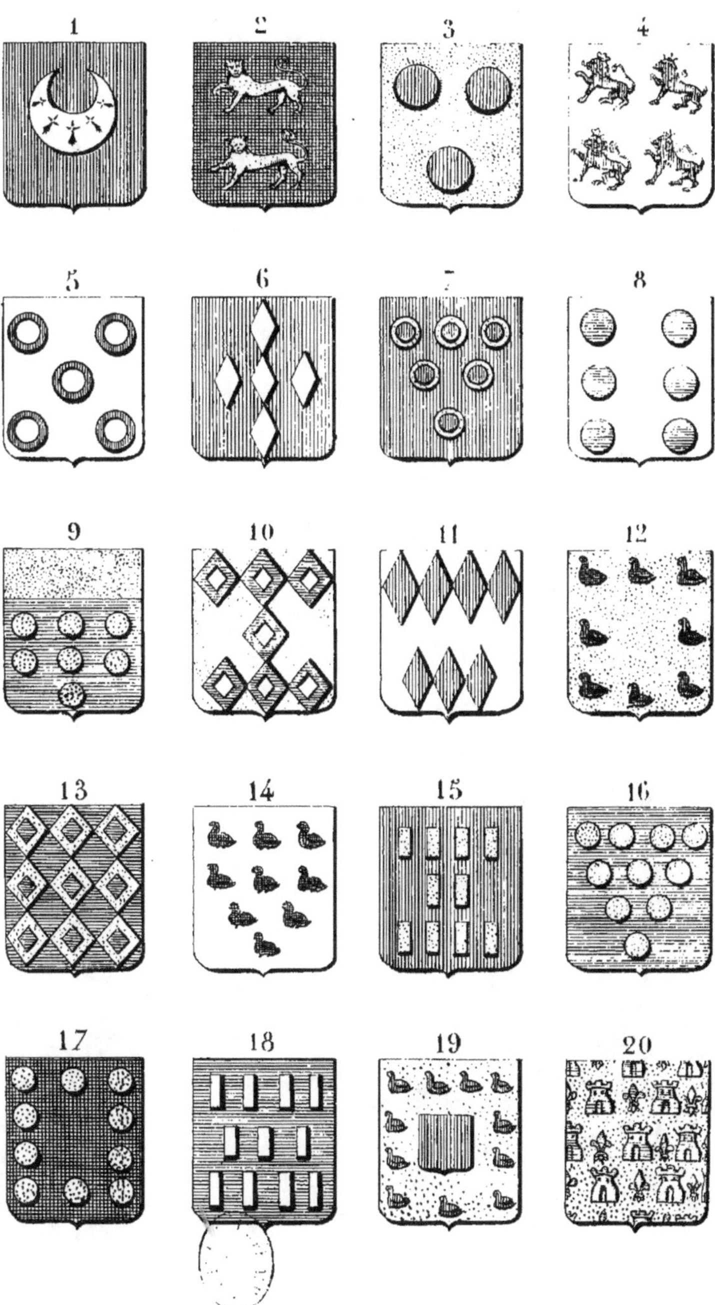

DISPOSITION NATURELLE DES FIGURES

Une seule figure se place ordinairement au milieu de l'écu, comme l'écu du

N° 1, de la planche 5, qui porte de gueule au croissant d'argent chargé de cinq mouchetures d'hermine ;

N° 2, de sable à deux léopards d'or ;

N° 3, d'or à trois tourteaux de gueule ;

N° 4, d'argent à quatre lionceaux de gueule, armé, lampassé et couronné d'or ;

N° 5, d'argent à cinq annelets de gueule,

N° 6, de gueule à cinq lozanges d'argent, en croix,

N° 7, de gueule à six annelets d'or, 3,2,1,

N° 8, d'argent à six tourteaux d'azur, 2,2,2 ;

N° 9, d'azur à sept besants d'or, 3,3,1, au chef de même ;

N° 10, d'or à sept macles d'azur, 3,1,3 ;

N° 11, d'argent à sept fusées de gueule, 4 et 3 ;

N° 12, d'or à l'orle de huit merlettes de sable ;

N° 13, d'azur à neuf macles d'or, 3,3,3 ;

N° 14, d'argent à neuf merlettes de sable, 3,3,2,1 ;

N° 15, de gueule à dix billettes d'or, 4,2,4;

N° 16, d'azur à dix besants d'or, 4,3,2,1 ;

N° 17, de sable à dix besants d'or posé en orle;

N° 18, d'azur à onze billettes d'argent, 4,3,4 ;

N° 19, d'or à l'écusson de gueule et onze merlettes, de même en orle;

Enfin, on les nomme semées quand elles remplissent tellement l'écu à égale distance qu'il s'en perd des moitiés dans tous les bords, comme au

N° 20, qui est d'or semé de fleurs de lys et de tours d'azur.

Quand les figures sont de différentes espèces, il y a plus de difficulté à blasonner régulièrement, parce qu'il faut observer celles qui tiennent lieu de champ ou de séantes partitions, et qui doivent être nommées les premières et avant celles qui sont brochantes, ou qui les chargent, ou qui les accompagnent.

www.ingramcontent.com/pod-product-compliance
Lightning Source LLC
LaVergne TN
LVHW011955160826
845678LV00002B/563